LA DANSE MACABRE DE DE KERMARIA-AN-ISQUIT

LA DANSE MACABRE DE KERMARIA-AN-ISQUIT

par

FÉLIX SOLEIL

Dessins de

Antoine Duplais-Destouches

1882

Saint-Brieuc - L. Prud'homme
Imprimeur-Libraire

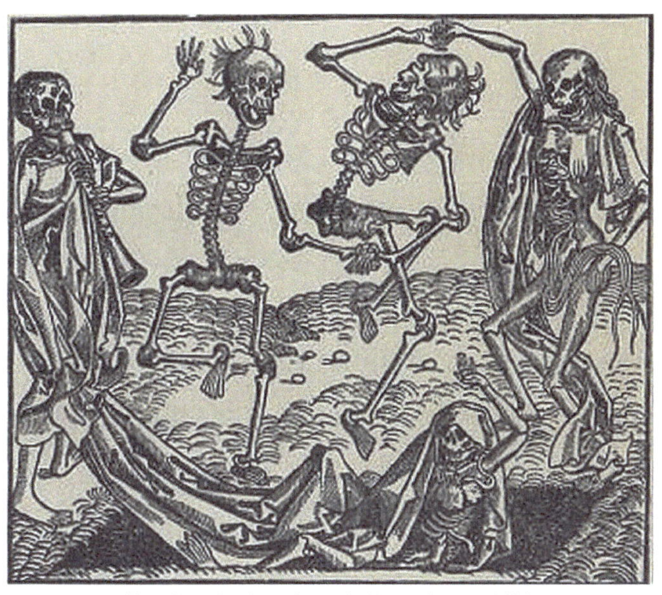

Extrait de la chronique de Nuremberg - 1493

MISE EN PAGE
ET
TRADUCTION DU LATIN
PAR
NIELROW

LA DANSE MACABRE
DE KERMARIA-AN-ISQUIT

I

La chapelle de Notre-Dame de Kermaria, située sur le bord du chemin vicinal de Pléhédel à Plouha, dans le département des Côtes-du-Nord [1], à 28 kilomètres nord-ouest de Saint-Brieuc, renferme une *Danse des morts* que l'on peut aujourd'hui regarder, à juste titre, comme un monument unique en France.

Nul n'ignore que les *Danses des morts*, dans le principe, étaient dimmenses tableaux de trente à quarante mètres de longueur, et quelquefois plus, sur deux à trois de hauteur, peints sur les murs des églises, dans les cimetières, dans les cloîtres, sur les ponts, etc. La Mort y était représentée sous forme de squelette ou de cadavre, sautant, dansant et entraînant avec elle, d'un air malin, des vivants de tout sexe, de tout âge, de tout état. Les personnages figurant dans ce défilé lugubre offraient généralement la série complète des diverses conditions humaines, depuis le *Pape*

"

et l'*Empereur* jusqu'au *Laboureur* et à l'*Ermite*. Ces funèbres représentations se voyaient autrefois dans la plupart des grandes villes d'Europe, surtout en Allemagne et en Suisse. Peu après la découverte de l'imprimerie et la vulgarisation de la gravure sur bois, c'est-à-dire dans la seconde moitié du XVe siècle, on réduisit ces immenses peintures en petits dessins sur le papier, et l'on en fit des recueils en tout genre qui ont été fréquemment réimprimés. Ils nous présentent les costumes du temps pour tous les états. « Mais ce qu'il y a de remarquable dans ces tableaux en général, c'est le talent avec lequel les artistes ont exprimé les sensations qu'éprouve chaque individu de tout sexe, de tout âge, de tout état, en passant de la vie à la mort. Ils ont parfaitement saisi les différentes nuances de la douleur, de la crainte, des regrets et de l'indifférence, selon le rang qque les personnages qu'ils ont mis en scène tenaient dans le monde ; et ce qui est encore plus extraordinaire, c'est d'avoir su donner à chaque squelette, surtout dans la tête, quoique dépourvue d'yeux, de bouche, etc., une expression et une physionomie caractéristique, analogue à celle de l'individu qu'il entraîne.

Quant au but moral et religieux, il frappe au premier coup d'oeil. Qui peut douter qu'on ne se soit proposé, dans ces représentations, toutes grotesques qu'elles sont, de rappeler aux hommes la fragilité de la vie, l'indispensable nécessité de mourir, l'incertitude de l'heure fatale, et l'inflexibilité de la mort qui ne respecte ni âge, ni sexe, ni condition ? C'est ce que prouvent encore plus clairement les diverses inscriptions morales dont on accompagnait chaque scène des différentes Danses des morts ; et ces inscriptions, d'un style singulier et quelquefois caustique, ont été composées, traduites et publiées dans toutes sortes de langues, en français, en allemand,en latin, en anglais, en italien, etc. » [2]

Tout autre était le but auquel tendaient les Anciens qui, eux aussi, ont cherché à se familiariser avec l'idée du terme fatal de l'existence. Les Romains observaient pour cela un singulier usage. Parfois ils se faisaient apporter, au milieu de leurs orgies, un squelette privé de faux et de tout attribut destructeur. C'était un simple rappel de la destinée de l'homme après sa mort, et de la nécessité, comme conséquence pratique, de s'abandonner sans nul frein à toutes les jouissances possibles pendant le reste de sa vie. A l'appui de cette assertion, écoutons Pétrone racontant, dans le Satyricon, le festin ou pour mieux dire l'orgie de Trimalcion :

« Potantibus ergo, et accuratissimas nobis lautitias mirantibus, larvam argenteam attulit servus, sic aptatam, ut articuli ejus vertebraeque laxatae in omnem partem verterentur. Hanc cum super mensam semel iterumque abjecisset, et catenatio mobilis aliquot figuras exprimeret, Trimalchio adjecit :

Heu, heu, nos miseros, quam totus homuncio nil est !

Quam fragilis tenero stamine vita cadit !

Sic erimus cuncti, postquam nos auferet Orcus.

Ergo vivamus, dum licet esse bene. » [3]

Nous trouvons encore dans Hérodote un passage prouvant que les Égyptiens suivaient une pratique à peu près semblable après leurs repas ; en voici la traduction latine tirée de l'édition Jungermann :

« Apud locupletes eorum, cum multi convenerunt, et à coená discessum est, circumfert aliquis in loculo mortuum

> *è ligno factum, sed picturâ et opere verum maximè imitantem, longitudine cubitali omnino, aut bicubitali, ostendensque singulis convivarum, ait : In bunc intuens pota et oblectare, talis post mortem futurus. »* [4]

II

A quelle époque et dans quelle ville aurait été exécutée la première *Danse macabre* ? Un archéologue parisien, M. l'abbé Valentin Dufour, a récemment traité ce sujet. Il établit que la plus ancienne de ces compositions funèbres était celle du Charnier des Innocents, à Paris, remontant à 1424, comme en font foi d'ailleurs divers documents contemporains de l'exécution de cette peinture. On lit, en effet, dans le *Journal d'un Bourgeois de Paris sous Charles VI et Charles VII*, à l'année 1425 : « *Item, l'an mil quatre cent vingt cinq fut faite la Danse macabre aux Innocents, et fut commencée environ le moys d'aoust et achevée au caresme ensuivant. »* [5]   Le même *Journal* fait encore mention, à la date de 1429, d'un frère Richard, cordelier, prédicateur célèbre, qui attirait la foule aux Innocents, où il parlait « *le dos tourné vers les Charniers encontre la Charronnerie, à l'endroit de la Danse macabre. »* [6] Enfin Guillebert de Metz écrivait en 1436, dans sa *Description de la ville de Paris*, au sujet des Innocents : « *Illec sont peintures notables de la Dance macabre et autres, avec escriptures pour esmouvoir les gens à dévotion.»* [7]

« Le *Journal du règne de Charles VI* nous a donné la date exacte de son apparition sous les charniers (1424). Avant cette époque on ne rencontre aucune composition qui ait pu lui servir de modèle ; après, au contraire, on la trouve souvent imitée : c'est donc une production essentiellement propre au XVe siècle. A peine la Dance macabre a-t-elle fait son apparition à Paris qu'elle est copiée en France, en Angleterre, en Suisse et en Allemagne ; celle qui s'en rapproche le plus est la Dance de Ker-Maria [8], en Bretagne, retrouvée sous une couche de badigeon en 1856 ; même nombre de personnages, mêmes strophes ; on y trouve seulement une femme [...]. Quand, soixante ans plus tard, l'imprimerie et la gravure sur bois s'empareront de ce drame populaire pour le vulgariser, [...] les éditeurs donneront comme complément la Dance des femmes, qui n'a jamais pu trouver place aux Innocents [...] [9]

Tels sont les résultats des dernières recherches archéologiques sur cette matière intéressante. Passons à l'examen du monument qui fait l'objet de la présente notice.

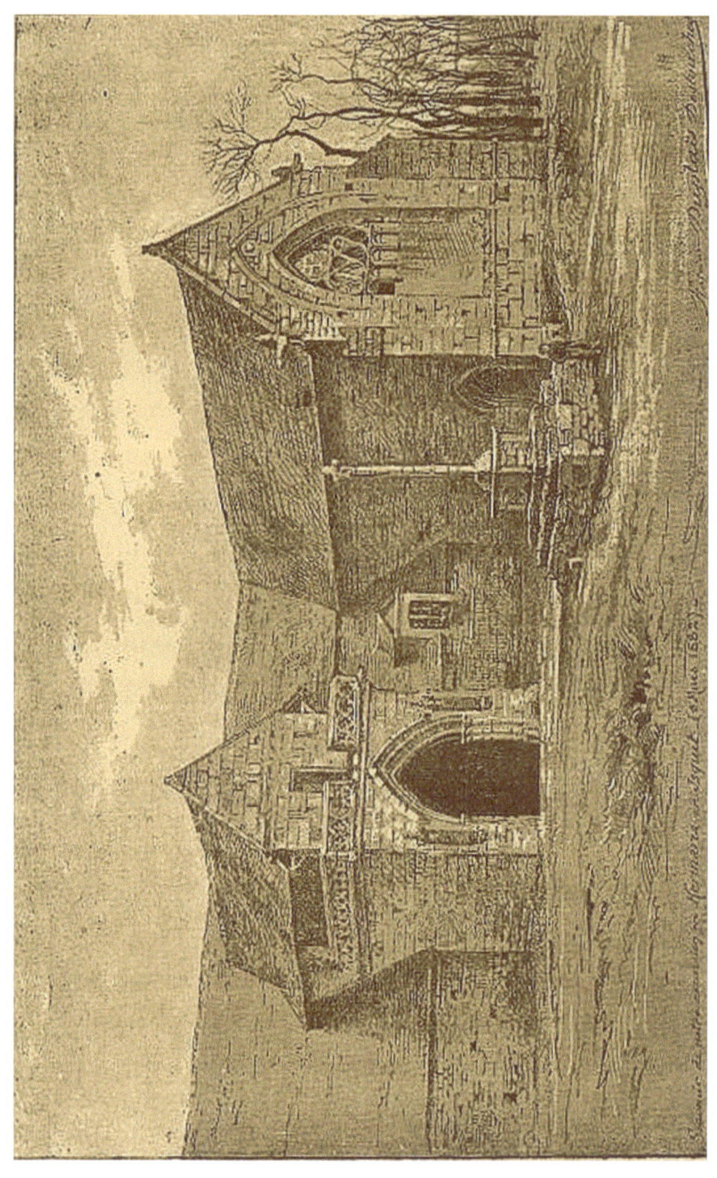

III

La chapelle de Kermaria se compose d'une nef de sept travées, flanquée de deux bas-côtés, avec un vaste chevet polygonal, un transept de dimensions disproportionnées au sud, et un petit porche attenant également au collatéral sud.

Un simple coup d'oeil suffit pour reconnaître que les différentes parties de cet édifice ont été refaites à plusieurs reprises. Les quatre premières travées de la nef offrent, en effet, tous les caractères de l'architecture du commencement du XIIIe siècle ; les trois autres, ainsi que le transept et le petit porche méridional, paraissent dater de la fin du XIVe siècle.

C'est au-dessus des quatre premières arcades de la nef, en commençant à droite, qu'aurait été peinte vers 1450, suivant M. l'abbé Dufour, une *Danse des morts* vraisemblablement imitée de celle qui fut exécutée en 1424, à Paris, dans le cloître du cimetière des Innocents. Elle diffère néanmoins tant par le nombre que par le costume et l'attitude générale des figures. On peut ajouter que l'artiste chargé de cette oeuvre était peu versé dans les connaissances anatomiques.

Cette Danse se déroule, à six mètres environ du pavé actuel de la nef, dans une suite de quarante-sept compartiments dont chacun renferme un personnage. On y remarque vingt-trois vivants, choisis parmi les diverses conditions sociales de l'époque, alternant, la main dans la main, avec un nombre égal de morts à qui incombe à bon droit la direction de cette lugubre ronde.

Chaque figure, d'un mètre trente centimètres de hauteur, a pour cadre une arcature simulée, de couleur jaune, dont la voûte, fort surbaissée, est supportée par de maigres colonnettes à base prismatique, paraissant avoir été couronnées d'un sablier. Le sujet se détache en grisaille sur un fond rouge violacé du côté droit de la nef, et ocre rouge du côté gauche, semé de fleurons dont il ne subsiste çà et là que des traces peu apparentes. Sous chacun des personnages se trouvait, comme dans l'oeuvre parisienne, un huitain relatant alternativement l'apostrophe du mort au vif, et la réplique de ce dernier à son funèbre compagnon.

A l'époque malheureuse où le badigeon recouvrit de sa teinte uniforme les murailles de nos vieux sanctuaires, sous prétexte de les soustraire ainsi aux conséquences de la vétusté, la chapelle de Kermaria ne pouvait échapper à la loi commune ; la Danse des morts disparut donc sous une couche épaisse de l'enduit *décrété* protecteur. Mais le temps et l'humidité firent leur oeuvre ; le badigeon s'écailla peu à peu, et l'on vit reparaître, en 1856, une partie des peintures complètement ignorées de la génération d'alors. La chaux qui adhérait encore à la muraille fut enlevée avec de grandes précautions, et voilà comment nous retrouvons aujourd'hui la plupart des personnages qui composaient cette suite intéressante.

Quant au nombre des figures, le peintre, disposant d'un espace trop restreint pour reproduire la série complète, a choisi les types les plus dignes d'attirer l'attention. On voit, du côté droit de la nef, 1° le *Pape*, 2° l'*Empereur*, 3° le *Cardinal*, 4° le *Roi*, 5° le *Patriarche*, 6° le *Connétable*, 7° l'*Archevêque*, 8° le *Chevalier*, 9° l'*Évêque*. Ici, nous avons à constater la destruction fort regrettable de dix compartiments. En effet, un échafaudage moderne, établi au revers du portail occidental pour renfermer l'escalier du clocher édifié au XVIIIe siècle, masque de chaque côté les personnages peints au-dessus de la première arcade et, à plus forte raison, ceux qui se trouvaient à droite et à gauche de la grande fenêtre du portail. C'étaient 10° l'*Écuyer*, 11° l'*Abbé*, 12° le *Bailli*, 13° l'*Astrologie*n, 14° le *Bourgeois*, avec les morts qui leur servaient de guides. Du côté gauche de la nef, où, sauf quelques rares exceptions, le contour seul des figures est encore apparent, on reconnaît 15° le *Chartreux*, 16° le *Sergent*, 17° le *Moine*, 18° l'*Usurier* suivi du *Pauvre*, 19° l'*Amoureux*, 20° le *Ménétrier*, 21° le *Laboureur*, 22° le *Cordelier*. Le compartiment final, qui n'offre plus aucune trace du personnage représenté, contenait l'*Enfant* ; on retrouve en effet sous le mort qui l'entraîne le premier mot du huitain qui lui est adressé : Petit […] (*enfant naguérez né*, etc.) Le peintre a par conséquent supprimé le *Chanoine*, le *Marchand*, le *Médecin*, l'*Avocat*, le *Curé*, le *Clerc* et l'*Ermite*, puisque ces personnages étaient avec les autres aux Innocents.

La Danse de Kermaria ne possède donc pas et n'a jamais pu posséder le même nombre de sujets que celle de Paris.

Les personnages se tenant tous par la main, forment une ronde unique au lieu des groupes de quatre figures peints sous les arcades du Charnier parisien.

Quant à la *femme* signalée par M. l'abbé Dufour, enveloppée d'une longue robe à larges manches qui accuse néanmoins ses formes gracieuses, elle remplace le mort entre le *Moine* et l'*Usurier*.

Le *Ménétrier*, au lieu de la *gigue* qui le caractérisait aux Innocents, a pour attribut le *biniou*, instrument d'un usage à peu près universel en Bretagne.

Le texte placé sous chacun des personnages reproduisait, avec de légères variantes, les huitains de la Danse des Innocents ; ces inscriptions en caractères gothiques de

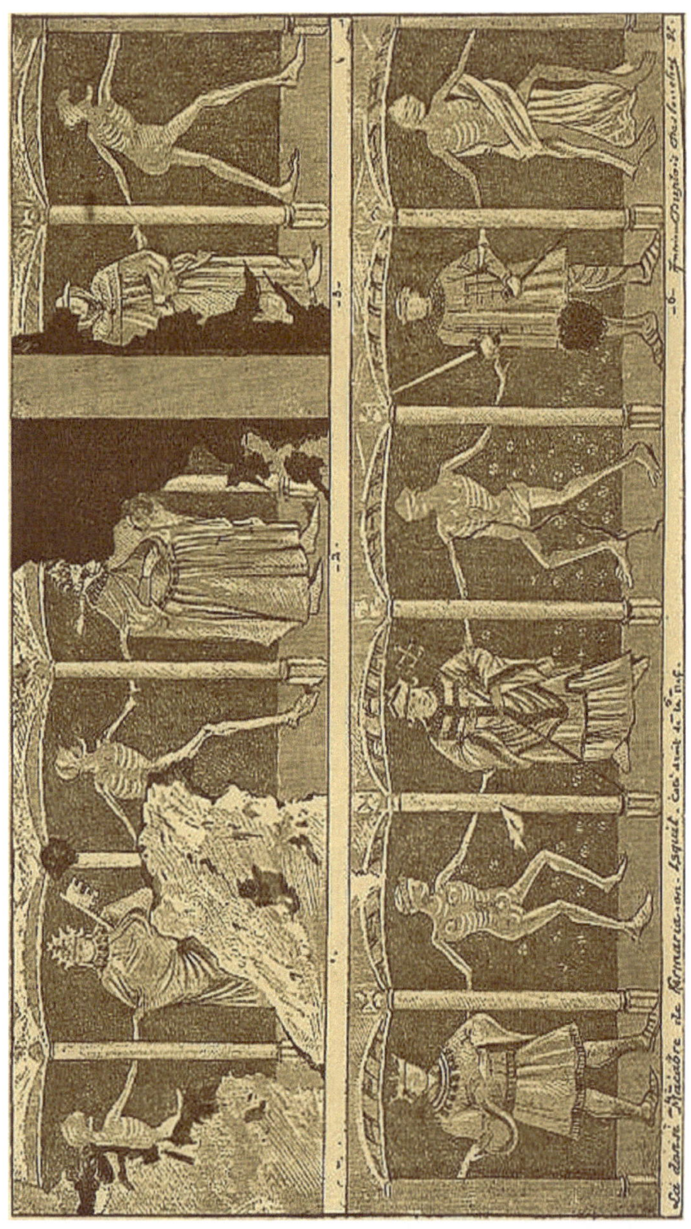

quatre centimètres, sont malheureusement presque toutes effacées. Sur les quarante-sept qui existaient à l'origine, six aujourd'hui se laissent à peine déchiffrer. C'est d'abord la réponse du *Cardinal*, puis les apostrophes du mort au *Roi* et au *Patriarche*, les répliques de ces derniers, et enfin le discours du mort au *Connétable*. Voici ces vieux textes, avec l'orthographe propre à l'artiste et ses fautes évidentes de transcription :

LE CARDINAL

J'ay bien cause de m'esbahyr,
Quant je me voy de si près pris ;
La Mort m'est venue envayr,
Plus ne vestiray vert ne gris.
Chapeau rouge ne *(sic)* chappe de pris
Me fault laisser à grant destresce ;
Je ne l'avoye pas apris :
Toute joye fine en tristesce.

―――――

LE MORT

Venés, noble Roy couronné,
Renommé de force et prouesce ;
Jadis fustes environné
De grans pomppes, de grant noblesce ;
Mais maintenant tout haultesce
Laisserés ; vous n'estes pas seul.
Poy aurés de vostre richesce :
Le plus riche n'a que ung linseul.

―――――

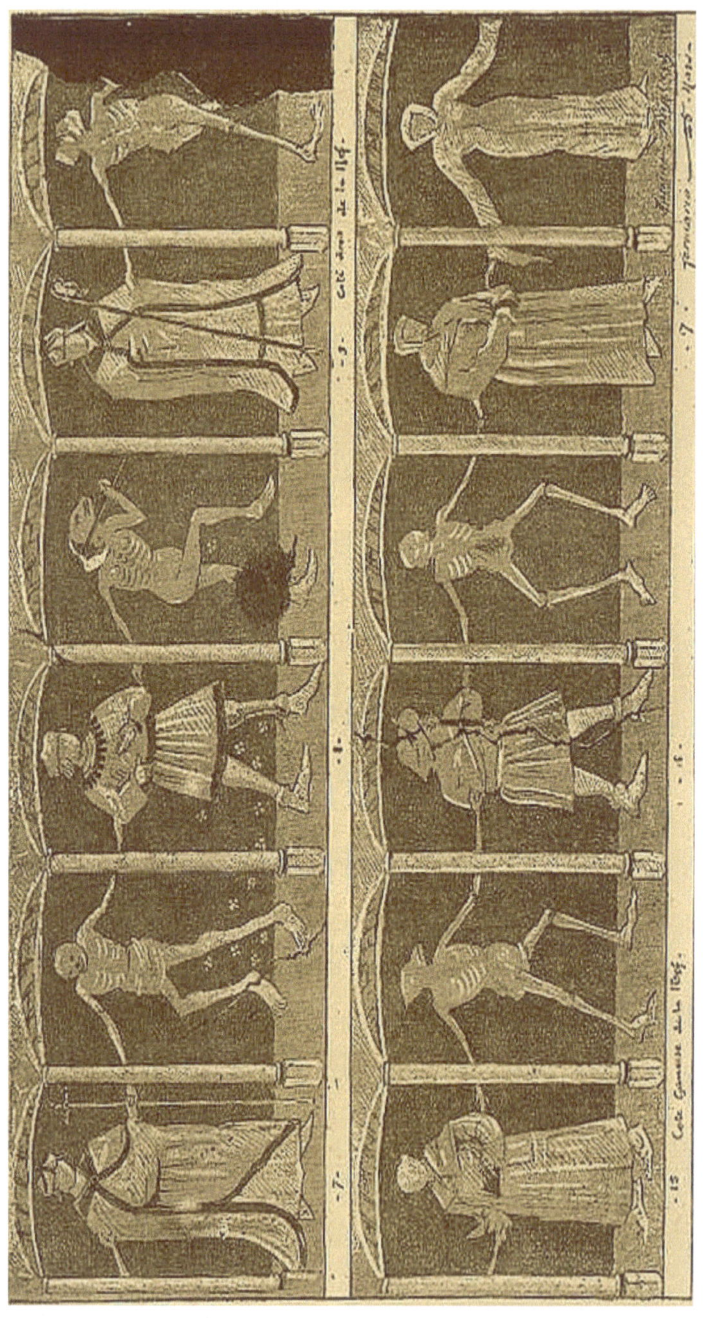

LE ROY

Je n'ay point apris à dancer
A dance et note si sauvage ;
Hellas ! On peut voyer et panser
Que vault orgueil, force, lignage.
Mort destruit tout, c'est son usage,
Auri tost le grant que le mandre ;
Qui mains se prise plus et *(sic)* sage :
A la fin fault devenir cendre.

————

LE MORT

Patriache (sic), pour basse chère
Vous ne povés estre quitté.
Vostre double croix q'avés chère
Ugne *(sic)* aultre aura ; ceste *(sic)* équitté.
Ne pansés plus en dignité,
Là ne serés Pappe de Romme ;
Pour rendre compte estes cité :
Folle espérance déchoit l'omme.

————

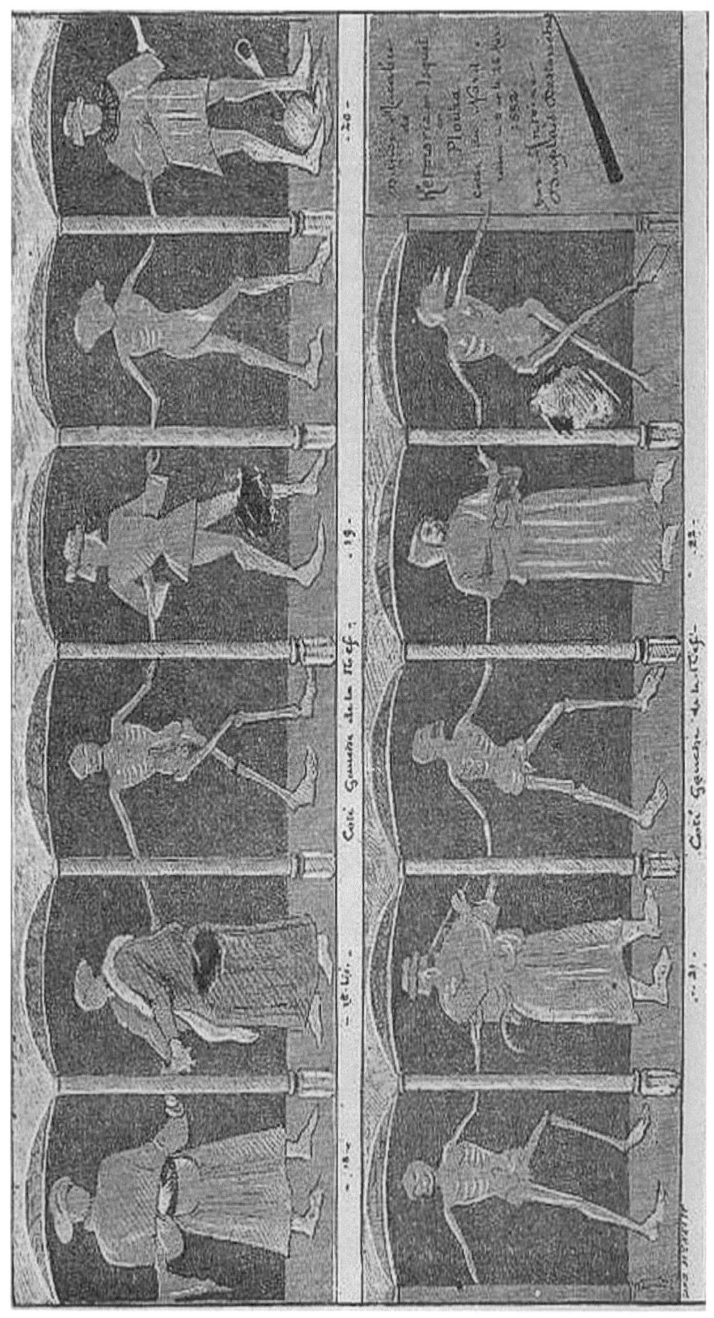

LE PATRIARCHE

Bien parchoy que mondains honneurs
Moult décheit, pour dire le voyr ;
Mes joyes tournent en douleurs
Et que vault tant de honneur avoir ?
Trop hault monter n'est pas savoir :
Haulx estas gattent gens sans numbre ;
Mès pou le veulent parcevoir :
A hault monter le faitz encombre.

———

LE MORT

C'est de mon de mon *(sic)* droit que vous mainne
A la dance, gent Connestable ;
Les plus fors, comme Charlemainne,
Mort prant : c'est chose véritable.
Rien n'y vault chère espuentable,
Ne forte armeure, en cest asaut.
D'un coup, j'abas le plus estable :
Rien n'est d'armez quant Mort asault.

———

Telle est la *Danse macabre* de Kermaria. Nous ne croyons pas qu'il existe ailleurs en France une représentation semblable aussi importante et relativement aussi bien conservée.

Le long de la muraille qui fait face au transept sud, à quelques centimètres du sol, dans un espace de sept mètres de longueur et et haut d'un mètre seulement, se développait la *Légende des trois morts et des trois vifs*, si populaire au moyen âge, que le peintre de Kermaria n'a eu garde d'oublier. En voici le sujet aujourd'hui moins connu :

Trois morts, debout dans un cimetière, devisent philosophiquement sur l'instabilité des choses humaines, lorsque trois gentilshommes à cheval, richement costumés, débouchent de la forêt voisine. Terrifiés par le spectacle insolite qui tout à coup s'offre à leurs yeux, les *trois vifs* ne songent qu'à prendre la fuite ; les *trois morts* les retiennent par ce langage peu récréatif :

> Nous avons bien esté en chance
> Autrefois, comme estes à présent ;
> Mais vous viendrez à nostre dance
> Comme nous sommes maintenant.

Les trois vifs, de trop bonne compagnie pour oublier la politesse, répondent en ces termes :

> Nous sommes en gloire et honneur
> Remplis de tous biens et chevance ;
> Au monde mettons nostre cueur,
> En y prenant nostre plaisance.

Cela dit, ils décampent au plus vite... et courent encore.

Cette peinture a considérablement souffert. Un seul des trois morts est encore visible, ainsi que la croix tréflée du cimetière ; on distingue à grand'peine le profil de deux des trois vifs portant la couronne royale. Les contours de leurs chevaux sont très faiblement accusés.

Au-dessus de cette scène, dans la retombée de la voûte lambrissées, se trouvaient les *Duels des Vertus et des Vices* dont il ne reste que d'informes vestiges aujourd'hui.

D'autres parties de la chapelle, notamment le transept sud, pouvaient être décorées de sujets analogues ; mais il n'en subsiste absolument aucune trace maintenant.

Quoi qu'il en soit, la Danse macabre seule offre un assez puissant intérêt pour justifier une visite à la chapelle de Kermaria. [10]

F. S.

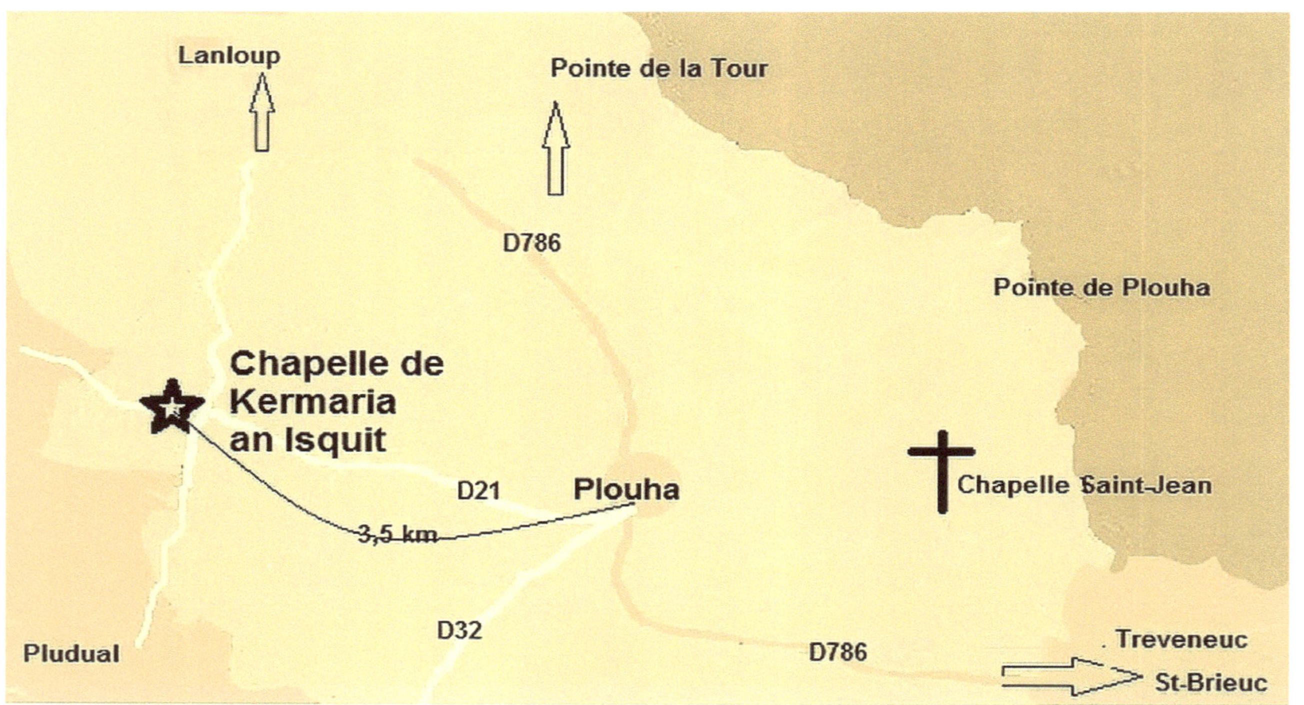
Lanloup
Pointe de la Tour
D786
Pointe de Plouha
Chapelle de
Kermaria
an Isquit
D21
Plouha
3,5 km
Chapelle Saint-Jean
Pludual
D32
D786
Treveneuc
St-Brieuc

NOTES

1 - Aujourd'hui Côtes d'Armor.

2 – Peignot – *Opuscules*, Paris, Techener, 1863, p. 42 et 43.

3 – Pétrone – *Satyricon* – Le banquet orgiaque – Dissertation de Trimalcio / Traduction Nielrow : « *Nous buvions alors, soucieux d'observer toutes ces merveilles, quand un esclave apporta un squelette en argent, aux articulations et aux vertèbres si finement ajustées qu'on pouvait aisément le mouvoir dans tous les sens. Quand l'esclave le plaça sur la table, et lui fit prendre diverses postures en pratiquant les ressorts, Trimalcion s'écria :*

> *Hélas ! hélas ! Que nous sommes malheureux,*
> *Qu'y a-t-il de plus malheureux que l'humanité !*
> *Que le fil de la vie est fragile !*
> *Ainsi nous serons tous à l'appel d'Orcus.* [A]
> *Alors, profitons de la vie tant que nous le pouvons.* »

A – Orcus : dieu des Enfers et de la Mort chez les Romains.

4- Hérodote, in-folio, Francfort, 1608 ; *Histor. II,§ 78 ;* traduction Nielrow : « *Lors des festins qui ont lieu chez les riches, on porte, après le repas, tout autour de la salle, un personnage en bois placé dans un cercueil, si bien sculpté et si bien peint qu'il est une parfaite représentation d'un*

mort. Il mesure une ou deux coudées. On le montre à tous les invités, chacun à leur tour en leur disant :
- Regardez cet homme, vous serez comme lui après votre trépas ; alors buvez dès maintenant et prenez du plaisir. »

5 – Buchon. - *Choix de Chroniques et Mémoires sur l'Histoire de France*, in 8°, Paris, Desrez MDCCCXXXXVIII, p. 668.

6 – Buchon. - *Idem*, p. 678.

7 – Guillebert de Metz. – *Description de la Ville de Paris au XVe siècle*, in 8°, Paris, Aubry, MDCCCLV, p. 64.

8 – *Sic ;* on écrit ici la Dance qui à notre avis, devrait s'écrire Danse en raison de son origine probable du Xe siècle. Remarquons que le terme anglais Dance, est issu du français, et nous est revenu dans divers textes du moyen âge. Aujourd'hui, en 2020 l'anglais reprend le dessus et il n'est pas rare de voir Danse orthographiée Dance (Note du traducteur).

9 – Valentin Dufour. - *Le Cimetière des Saints-Innocents et le quartier des Halles*, in-folio, Paris, Didot, 1878, p. 31 et 32 ; dans *Paris à travers les âges*, ouvrage en cours de publication. [B]
B (Note de l'éditeur : Ouvrage paru de 1875 à 1882 en deux volumes in-folio ; divers auteurs)

10 – Un jeune artiste de grand talent, M. Antoine Duplais Destouches, pour donner plus d'intérêt à notre travail, a reproduit avec la plus scrupuleuse exactitude, et dans son état actuel (*Mars 1882*), cette procession funèbre qui se dégrade chaque jour davantage. Qu'il veuille bien agréer ici l'expression de nos remerciements.